CSS

Sommario

Premessa

I fogli di stile a cascata, in breve CSS, ti offrono un controllo creativo sul layout e sul design delle tue pagine web. Con i CSS, rendere il testo del tuo sito con titoli accattivanti, così come bordi e sfondi, è solo l'inizio. Puoi anche organizzare le immagini con precisione, creare colonne e banner ed evidenziare i tuoi collegamenti con effetti di dinamici. Puoi persino rendere gli elementi in dissolvenza in entrata o in uscita, spostare oggetti nella pagina o fare in modo che un pulsante cambi lentamente i colori quando un utente ci passa il mouse sopra.

Tutto ciò è piuttosto complicato, vero? Al contrario! L'idea alla base dei CSS è di semplificare il processo di styling delle pagine web.

Ricorda che CSS è un linguaggio di stile e lo usi per fare in modo che HTML, il linguaggio fondamentale di tutte le pagine web, abbia un bell'aspetto. Bene, si spera che utilizzerai i CSS per rendere le tue pagine web più che belle. Dopo aver letto questo libro, sarai in grado di rendere le tue pagine web belle, funzionali e facili da usare.

Pensa all'HTML come alla struttura di base dei tuoi contenuti e al CSS come a un designer che prende il tuo semplice HTML e lo arricchisce con un carattere di fantasia, un bordo con angoli arrotondati o uno sfondo rosso brillante. Ma prima di iniziare a conoscere i CSS, è necessario comprendere l'HTML quindi questo libro presume che tu abbia già una certa conoscenza di HTML.

Forse hai creato uno o due siti (o almeno una o due pagine) e hai una certa familiarità con il mare di tag - `<html>`, `<p>`, `<h1>`, `<table>` -

che compongono il markup ipertestuale Linguaggio.

CSS non può esistere senza HTML quindi devi sapere come creare una pagina web utilizzando HTML di base. Se in passato hai utilizzato HTML per creare pagine web, ma ritieni che la tua conoscenza sia un po' arrugginita, ti consiglio di rispolverare il libro di HTML.

Per creare pagine web composte da HTML e CSS, non serve altro che un editor di testo di base come Blocco note (Windows) o TextEdit (Mac) ma dopo aver digitato alcune centinaia di righe di HTML e CSS, potresti provare un programma più adatto a lavorare con le pagine web. Ecco alcuni programmi comuni, alcuni gratuiti ed alcuni che puoi acquistare. Ci sono molti programmi gratuiti là fuori per modificare pagine web e fogli di stile. Se stai ancora utilizzando Blocco note o TextEdit, prova uno di questi:

- Brackets (Windows, Mac, Linux). Guidato da Adobe, questo editor di testo gratuito e open source dispone di molti strumenti per lavorare con HTML e CSS. È scritto appositamente per web designer e sviluppatori.

- Atom (Windows, Mac, Linux). Un altro editor di testo gratuito e open source creato dalle persone dietro GitHub, il popolare sito di condivisione e collaborazione di codice. Come Brackets, questo nuovo editor di testo è rivolto agli sviluppatori web.

- jEdit (Windows, Mac, Linux). Questo editor di testo gratuito basato su Java funziona su tutti i computer e include molte funzionalità che potresti trovare negli editor di testo commerciali, come l'evidenziazione della sintassi per CSS.

- Notepad++ (Windows). Molte persone giurano fedeltà a questo veloce editor di testo. Ha anche funzionalità integrate che lo rendono ideale per la scrittura di HTML e CSS, come l'evidenziazione della sintassi, tag con codifica a colori e parole chiave speciali per semplificare l'identificazione degli elementi HTML e CSS della pagina.

I programmi di sviluppo di siti Web commerciali vanno da editor di testo poco costosi a strumenti di costruzione di siti Web completi con tutti gli strumenti più avanzati:

- EditPlus (Windows) è un editor di testo economico che include evidenziazione della sintassi, FTP, completamento automatico e altre funzioni per risparmiare il polso.

- skEdit (Mac) è un editor di pagine web poco costoso, completo di FTP / SFTP, suggerimenti sul codice e altre utili funzioni.

- Coda2 (Mac) è un toolkit di sviluppo web completo. Include un editor di testo, un'anteprima della pagina, FTP / SFTP e strumenti CSScreating grafici per la creazione di CSS.

- Sublime Text (Mac, Windows, Linux) è un potente editor di testo amato da molti programmatori web. Lo troverai spesso nelle società di web design.

- Dreamweaver (Mac e Windows) è un editor visivo di pagine web. Ti consente di vedere come appare la tua pagina in un browser web. Il programma include anche un potente editor di testo e ottimi strumenti di creazione e gestione CSS.

Capitolo 1: Le basi

CSS non è niente senza HTML. L'HTML fornisce alle pagine web contenuti e una struttura significativa e, sebbene possa non essere carino da solo, il Web non esisterebbe senza di esso, quindi, per ottenere il massimo dalla tua formazione CSS, devi sapere come scrivere HTML per creare una base solida e ben costruita.

Questo capitolo introduce le basi del CSS e mostra come scrivere HTML migliore e compatibile con i CSS. La buona notizia è che quando usi CSS in tutto il tuo sito, l'HTML diventa effettivamente più facile da scrivere. Non è necessario provare a trasformare del codice HTML con un design che non gli appartiene. CSS offre la maggior parte della progettazione grafica che probabilmente vorrai usare e le pagine HTML scritte per funzionare con CSS sono più facili da creare, poiché richiedono meno codice da scrivere. Queste pagine saranno anche più veloci da scaricare: un aspetto molto importante per i visitatori del tuo sito.

L'HTML fornisce le basi per ogni pagina che incontri sul Web. Quando aggiungi CSS, l'HTML diventa più semplice, perché non è necessario utilizzare tag HTML (come il vecchio tag `<font>`) per controllare l'aspetto di una pagina web, tutto quel lavoro è per CSS.

Ma prima di passare ai CSS, ecco una rapida panoramica del passato (e del presente) dell'HTML. Tutto sembrava funzionare bene quando un gruppo di scienziati ha creato il Web per condividere la loro documentazione tecnica, nessuno ha interpellato dei grafici. Tutto ciò che gli scienziati avevano bisogno di fare con HTML era strutturare le informazioni per una facile comprensione.

Ad esempio, il tag `<h1>` indica un titolo importante, mentre il tag `<h2>` rappresenta un'intestazione minore, di solito un sottotitolo del tag `<h1>`. Un altro preferito, il tag `<ol>` (elenco ordinato), crea un elenco numerato per cose come "I 10 veicoli più comprati del 2021" ma non appena persone diverse dagli scienziati hanno iniziato a utilizzare HTML, hanno voluto che le loro pagine web avessero un bell'aspetto.

Così i web designer hanno iniziato a utilizzare i tag per controllare l'aspetto piuttosto che le informazioni sulla struttura. Ad esempio, puoi utilizzare il tag `<blockquote>` (destinato a materiale citato da un'altra fonte) su qualsiasi testo per indentarlo un po'. Puoi utilizzare i tag di intestazione per rendere il testo più grande e più accattivante, indipendentemente dal fatto che funzioni come intestazione.

In una soluzione alternativa ancora più elaborata, i designer hanno imparato a utilizzare il tag `<table>` per creare colonne di testo e posizionare accuratamente immagini e testo su una pagina. Sfortunatamente, poiché il tag aveva lo scopo di visualizzare dati simili a fogli di lavoro (risultati di ricerca, orari dei treni e così via), i progettisti dovevano essere creativi utilizzando il tag `<table>` in modi insoliti, a volte annidando una tabella all'interno di una tabella all'interno di un'altra per dare un bell'aspetto alle loro pagine.

Nel frattempo, i produttori di browser hanno introdotto nuovi tag e attributi allo scopo specifico di migliorare l'aspetto di una pagina. Il tag `<font>`, ad esempio, ti consente di specificare un colore del carattere, un carattere tipografico e una delle sette diverse dimensioni. Infine, quando i designer non potevano ottenere esattamente ciò che volevano, spesso ricorrevano all'uso della grafica.

Ad esempio, per creare un'immagine di grandi dimensioni e layout esatti per gli elementi della pagina Web, hanno iniziato a suddividere i file Photoshop in file più piccoli per ricomporli all'interno delle tabelle per ricreare il design originale. Sebbene tutte le tecniche precedenti (utilizzo dei tag in modo creativo, sfruttamento degli attributi dei tag specifici del design e uso estensivo della grafica) forniscano il controllo del design sulle pagine, aggiungono anche molto codice HTML. Più codice rende il tuo sito più difficile da costruire e molto più lento per i tuoi visitatori.

Indipendentemente dal contenuto della tua pagina web, che sia il calendario della stagione di pesca, le indicazioni stradali per raggiungere l'IKEA o le immagini della festa di compleanno di tuo figlio, il design della pagina fa la differenza. Un buon design migliora il messaggio del tuo sito, aiuta i visitatori a trovare ciò che stanno cercando e determina come il resto del mondo vede il tuo sito web.

Ecco perché i web designer sono passati attraverso le contorsioni descritte nella sezione precedente per forzare l'HTML ad avere un bell'aspetto. Assumendosi questi compiti di progettazione, CSS consente all'HTML di tornare a fare ciò che sa fare meglio: strutturare il contenuto.

L'uso dell'HTML per controllare l'aspetto del testo e di altri elementi della pagina web è obsoleto. Non preoccuparti se il tag HTML `<h1>` è troppo grande per i tuoi gusti o gli elenchi puntati non sono spaziati correttamente. Puoi occupartene in seguito usando CSS, invece, pensa all'HTML come a un metodo per aggiungere una struttura al contenuto che desideri sul Web. Usa HTML per organizzare i tuoi contenuti e CSS per renderli fantastici.

Capitolo 2: Pensa nel modo giusto

Se sei un principiante nel web design, potresti aver bisogno di alcuni suggerimenti utili per usare HTML (e per evitare le tecniche HTML ben pensate ma obsolete). Oppure, se crei pagine web da un po' di tempo, potresti aver preso alcune cattive abitudini che faresti meglio a dimenticare. Il resto di questo capitolo ti introduce ad alcune abitudini di scrittura in HTML che ti renderanno orgoglioso del tuo lavoro e ti aiuteranno ad ottenere il massimo dal CSS.

HTML aggiunge significato al testo dividendolo logicamente e identificando il ruolo che svolge nella pagina: Ad esempio, il tag `<h1>` è l'introduzione più importante al contenuto di una pagina. Altre intestazioni ti consentono di dividere il contenuto in sezioni meno importanti ma correlate. Proprio come questo libro, una pagina web necessita di una struttura logica. Ogni capitolo di questo libro ha un titolo e diverse sezioni che, a loro volta, contengono sottosezioni più piccole.

Immagina quanto sarebbe difficile leggere queste pagine se le parole cadessero insieme come un unico e lungo paragrafo. L'HTML fornisce molti altri tag oltre alle intestazioni per contrassegnare il contenuto e identificarne il ruolo. (Dopo tutto, la M in HTML sta per markup.)

Tra i più popolari ci sono il tag `<p>` per i paragrafi di testo e il tag `<ul>` per la creazione di elenchi puntati (non numerati). I tag meno conosciuti possono indicare tipi di contenuti molto specifici, come `<abbr>` per le abbreviazioni e `<code>` per il codice del computer. Quando scrivi HTML per CSS, usa un tag che si avvicinino il più possibile al ruolo che il contenuto gioca nella pagina, non al modo in cui appare. Ad esempio, un mucchio di link in una barra di navigazione non è realmente un titolo e non è un normale paragrafo di testo.

È più simile a un elenco puntato di opzioni, quindi il tag `<ul>` è una buona scelta. Se stai pensando: "Ma gli elementi in un elenco puntato sono impilati verticalmente uno sopra l'altro e voglio una barra di navigazione orizzontale in cui ogni link si trova accanto al link precedente", non preoccuparti. Con CSS puoi convertire un elenco verticale di link in un'elegante barra di navigazione orizzontale.

Il variegato assortimento di tag HTML non copre l'ampia gamma di contenuti che probabilmente avrai su una pagina web. Certo, `<code>` è ottimo per contrassegnare il codice di un programma per computer, ma la maggior parte delle persone troverebbe un tag `<recipe>` più pratico, peccato che non esista. Fortunatamente, HTML fornisce diversi tag "strutturali" che consentono di identificare e raggruppare meglio i contenuti e, nel processo, fornisce un supporto che consente di allegare stili CSS a diversi elementi della pagina.

HTML5 ha introdotto una gamma molto più ampia di tag che ti consentono di raggruppare contenuti che svolgono una particolare funzione, come il tag `<footer>`, che puoi utilizzare per raggruppare informazioni supplementari come un avviso di copyright, informazioni di contatto o un elenco di risorse.

I tag `<div>` e `<span>` sono stati utilizzati per gran parte della vita del Web. Sono stati tradizionalmente utilizzati per organizzare e raggruppare contenuti che non si prestano del tutto ad altri tag HTML. Pensa a loro come a vasi vuoti che riempi di contenuto. Un `div` è un blocco, il che significa che ha un'interruzione di riga prima e dopo, mentre `span` appare in linea, come parte di un paragrafo. Altrimenti, `div` e `span` non hanno proprietà visive intrinseche, quindi puoi utilizzare CSS per farli apparire come preferisci.

Il tag `<div>` indica qualsiasi blocco discreto di contenuto, molto simile a un paragrafo o a un titolo ma più spesso viene utilizzato per raggruppare un numero qualsiasi di altri elementi, quindi puoi inserire un titolo, un gruppo di paragrafi e un elenco puntato all'interno di un singolo blocco `<div>`. Il tag `<div>` è un ottimo modo per suddividere una pagina in aree logiche, come banner, piè di pagina, barra laterale e così via. Utilizzando CSS, è possibile posizionare in seguito ciascuna area per creare un layout di pagina sofisticati.

Il tag `<span>` viene utilizzato per gli elementi inline: parole o frasi che compaiono all'interno di un paragrafo o un'intestazione più grande. Trattalo come gli altri tag HTML in linea, come il tag `<a>` (per aggiungere un collegamento a un testo in un paragrafo) o il tag `<strong>` (per enfatizzare una parola in un paragrafo). Ad esempio, potresti utilizzare un tag `<span>` per indicare il nome di un'azienda, quindi utilizzare CSS per evidenziare il nome utilizzando un carattere, un colore e così via diversi.

Questi tag sono usati frequentemente nelle pagine web ricche di CSS e in questo libro imparerai come utilizzarli in combinazione con CSS per ottenere il controllo creativo sulle tue pagine web.

Cosa dimenticare

I CSS ti consentono di scrivere HTML più semplice per una grande ragione: ci sono molti vecchi tag HTML che dovresti dimenticare (se li stai ancora utilizzando). Il tag <font> è l'esempio più lampante. Il suo unico scopo è aggiungere un colore, una dimensione e un carattere al testo. Non fa nulla per rendere più comprensibile la struttura della pagina.

Ecco un elenco di tag e attributi che puoi facilmente sostituire con CSS:

- Dimentica <font> per controllare la visualizzazione del testo. I CSS fanno un lavoro molto migliore con il testo.
- Non utilizzare i tag <b> e <i> per enfatizzare il testo. Se desideri che il testo sia davvero enfatizzato, utilizza il

tag `<strong>`, che i browser normalmente visualizzano in grassetto. In alternativa, usa il tag `<em>` che i browser visualizzano in corsivo. Puoi usare CSS per rendere qualsiasi testo su una pagina in corsivo, grassetto o entrambi. Mentre HTML 4 ha cercato di eliminare gradualmente i tag `<b>` e `<i>`, HTML5 li ha ripristinati. In HTML5 il tag `<b>` ha lo scopo di rendere il testo in grassetto senza aggiungere alcun significato a quel testo (cioè, vuoi solo che il testo sia in grassetto ma non vuoi che le persone trattino quel testo in modo significativo). Allo stesso modo, il tag `<i>` viene utilizzato per mettere in corsivo il testo, ma non per enfatizzarne il significato.

- Ignora il tag `<table>` per il layout di pagina. Utilizza le tabelle solo per visualizzare informazioni come fogli di lavoro, pianificazioni e grafici. Come vedrai, puoi fare tutto il tuo layout con CSS usando molto meno tempo e codice rispetto al tag `table`.

- Non abusare del tag `<br>`. Se sei cresciuto utilizzando questo tag per inserire un'interruzione di riga senza creare un nuovo paragrafo, allora sei pronto per una sorpresa. I browser inseriscono automaticamente, e talvolta in modo esasperante, un po' di spazio tra i paragrafi, anche tra le intestazioni e i tag `<p>`. In passato, i progettisti utilizzavano soluzioni alternative elaborate per evitare la spaziatura dei paragrafi che non desideravano, come sostituire un singolo tag `<p>` con un mucchio di interruzioni di riga e utilizzando un tag `<font>` per far sembrare la prima riga del paragrafo un titolo.

Utilizzando i controlli per il margine di CSS, puoi facilmente impostare la quantità di spazio che vuoi vedere tra paragrafi, intestazioni e altri elementi a livello di blocco. Come regola generale, l'aggiunta di attributi ai tag che impostano colori, bordi, immagini di sfondo o allineamento, inclusi gli attributi che consentono di formattare i colori, è puro HTML della vecchia scuola. Per tutto questo è preferibile usare CSS per controllare il posizionamento del testo, i bordi, gli sfondi e l'allineamento dell'immagine.

Capitolo 3: Come funziona

Anche i siti web più complessi e belli, iniziano con un unico stile CSS. Man mano che aggiungi più stili e fogli di stile, puoi sviluppare siti Web che ispirano i designer e stupiscono i visitatori. Che tu sia un principiante CSS o un samurai dei fogli di stile, devi obbedire ad alcune regole di base su come creare stili e fogli di stile. In questo capitolo, inizierai dal punto di partenza, imparando le basi per creare e utilizzare stili e fogli di stile.

Un unico stile che definisce l'aspetto di un elemento su una pagina è piuttosto semplice. È essenzialmente solo una regola che dice a un browser web come formattare qualcosa su una pagina web: trasforma un titolo in blu, disegna un bordo rosso attorno a una foto o crea un riquadro della barra laterale di 150 pixel per contenere un elenco di link. Se uno stile potesse parlare, direbbe qualcosa del tipo: "Ehi Browser, falla sembrare così".

Uno stile è, infatti, composto da due parti: l'elemento della pagina web che il browser formatta (il selettore) e le istruzioni di formattazione reali (il blocco di dichiarazione). Ad esempio, un selettore può essere un titolo, un paragrafo di testo, una foto e così via. I blocchi di dichiarazione possono trasformare il testo in blu, aggiungere un bordo rosso attorno a un paragrafo, posizionare la foto al centro della pagina: le possibilità sono infinite.

Ovviamente, gli stili CSS non possono comunicare in un inglese come vorremmo perché hanno la loro lingua. Ad esempio, per impostare un colore e una dimensione del carattere standard per tutti i paragrafi di una pagina web, dovresti scrivere quanto segue:

```
p { color: red; font-size: 1.5em; }
```

Questo stile dice semplicemente: "Rendi il
testo in tutti i paragrafi, contrassegnato con
tag <p>, rosso e alto 1.5 em". (un em è un'unità
di misura basata sulla dimensione del testo
normale di un browser.) Anche uno stile
semplice come questo esempio contiene
diversi componenti:

- **Selettore**. Come descritto in
  precedenza, il selettore indica a un
  browser Web quale o quali elementi di
  una pagina applicare lo stile, ad
  esempio un titolo, un paragrafo,
  un'immagine o un collegamento. In
  questo caso il selettore fa in modo che
  i browser web formattino tutti i tag <p>
  usando le direzioni di formattazione in
  questo stile. Con l'ampia gamma di
  selettori offerti da CSS e un po' di

creatività, sarai in grado di individuare qualsiasi elemento su una pagina e formattarlo nel modo desiderato.

- **Blocco dichiarazione**. Il codice che segue il selettore include tutte le opzioni di formattazione che si desidera applicare al selettore. Il blocco inizia con una parentesi graffa di apertura ({) e termina con una parentesi graffa di chiusura (}).

- **Dichiarazione**. Tra le parentesi graffe di apertura e chiusura di un blocco di dichiarazione, si aggiungono una o più dichiarazioni o istruzioni di formattazione. Ogni dichiarazione ha due parti: una proprietà e un valore. I due punti separano il nome della proprietà e il suo valore e l'intera dichiarazione termina con un punto e virgola.

- **Proprietà**. CSS offre una vasta gamma di opzioni di formattazione, chiamate proprietà. Una proprietà è una parola, o poche parole separate da un trattino, che indica un certo effetto di stile. La maggior parte delle proprietà ha nomi semplici come `font`, `margin` e `color`. Ad esempio, la proprietà `background-color` imposta un colore di sfondo. Imparerai a conoscere una gran quantità di proprietà CSS in questo libro. È necessario aggiungere i due punti dopo il nome della proprietà per separarlo dal valore

- **Valore**. Puoi esprimere il tuo genio creativo assegnando un valore a una proprietà CSS, ad esempio creando uno sfondo blu, rosso, viola o beige. Diverse proprietà CSS richiedono specifici tipi di valori: un colore (come il `red` o `#FF0000`), una lunghezza (come

`18px`, `200%` o `5em`), un URL (come `immagini/sfondo.gif`) o una parola chiave specifica (come `top`, `center`, `bottom` ecc.)

Non è necessario scrivere uno stile su una singola riga, come mostrato prima. Molti stili hanno più proprietà di formattazione, quindi puoi renderli più facili da leggere suddividendoli in più righe. Ad esempio, potresti voler mettere il selettore e la parentesi graffa di apertura sulla prima riga, ogni dichiarazione sulla propria riga e la parentesi graffa di chiusura da sola sull'ultima riga, in questo modo:

```css
p {
  color: red;
  font-size: 1.5em;
}
```

I browser Web ignorano gli spazi e i tab, quindi sentiti libero di aggiungerli per rendere il tuo CSS più leggibile.

Ad esempio, è utile indentare le proprietà, con una tabulazione o un paio di spazi, per separare visibilmente il selettore dalle dichiarazioni, rendendo più facile capire il loro ruolo. Inoltre, l'inserimento di uno spazio tra i due punti e il valore della proprietà è facoltativo ma aumenta la leggibilità dello stile. In effetti, puoi mettere tutto lo spazio bianco tra i due che desideri. Ad esempio, `color: red`, `color:    red` e `color:    red` funzionano tutti allo stesso modo.

Capitolo 4: Interno o esterno?

Ovviamente, un'unica regola non trasformerà una pagina web in un'opera d'arte. Può rendere rossi i tuoi paragrafi ma per infondere nei tuoi siti web un design eccezionale, hai bisogno di molti stili diversi. Una raccolta di stili CSS comprende un foglio di stile.

Un foglio di stile può essere di due tipi: interno o esterno, a seconda che le informazioni sullo stile si trovino nella pagina web stessa o in un file separato collegato alla pagina web.

La maggior parte delle volte, i fogli di stile esterni sono la miglior strada da percorrere poiché rendono più semplice la creazione di pagine Web e l'aggiornamento dei siti Web più veloce. Un foglio di stile esterno raccoglie tutte le informazioni sullo stile in un unico file che poi colleghi a una pagina web grazie ad una sola riga di codice.

Puoi allegare lo stesso foglio di stile esterno a ogni pagina del tuo sito web, fornendo un design unificato e coerente. Questo metodo rende più facile anche un completo rifacimento del sito, come modificare un singolo file di testo. Sul lato utente, i fogli di stile esterni aiutano le pagine web a caricarsi più velocemente infatti quando utilizzi un foglio di stile esterno, le tue pagine web possono contenere solo HTML di base, nessun tag `<font>` e nessun codice di stile CSS interno.

Inoltre, quando un browser web scarica un foglio di stile esterno, memorizza il file sul computer del visitatore (in una cartella dietro le quinte chiamata cache) per un rapido accesso. Quando il visitatore passa ad altre pagine del sito che utilizzano lo stesso foglio di stile esterno, non è necessario che il browser scarichi di nuovo il foglio di stile. Il browser scarica semplicemente il file HTML richiesto ed estrae il foglio di stile esterno dalla sua cache con un notevole risparmio di tempo per il download.

La cache di un browser aumenta notevolmente la velocità di navigazione per gli utenti del Web infatti ogni volta che la cache scarica e memorizza un file utilizzato di frequente, come un file CSS esterno o un'immagine, risparmia tempo e dati. Invece di scaricare di nuovo la volta successiva lo stesso file, il browser può focalizzarsi solo sulla pagina da visualizzare.

Tuttavia, ciò che è buono per i tuoi visitatori non è sempre buono per te poiché il browser Web memorizza nella cache e riusa i file CSS esterni scaricati pertanto è possibile inciampare mentre si lavora alla progettazione del sito.

Supponi di lavorare su una pagina che utilizza un foglio di stile esterno e di visualizzare l'anteprima della pagina in un browser. Qualcosa non sembra corretto, quindi torni al tuo editor web e modifichi il file CSS esterno. Quando torni al browser web e ricarichi la pagina, la modifica appena apportata non viene visualizzata! Sei appena stato catturato dalla cache. Quando ricarichi una pagina web, i browser non sempre ricaricano il foglio di stile esterno, quindi potresti non vedere l'ultima e migliore versione dei tuoi stili.

Per aggirare questo problema, puoi forzare il ricaricamento di una pagina (che ricarica anche tutti i file collegati) premendo il tasto Ctrl e facendo clic sul pulsante Ricarica del browser; Ctrl + F5 funziona anche per Chrome e Internet Explorer; Ctrl + Maiusc + R è la scorciatoia da tastiera di Firefox e Ctrl + R funziona sia per Safari che per Chrome per Mac.

Fogli di stile interni

Un foglio di stile interno, al contrario, è una raccolta di stili che fa parte del codice della pagina web. Viene sempre visualizzato tra i tag HTML `<style>` di apertura e di chiusura nella parte `<head>` della pagina. Ecco un esempio:

```
<html>
<head>
 <style>
 h1 {
   color: #FF7643;
   font-family: Arial;
 }
 p {
   color: red;
   font-size: 1.5em;
 }
 </style>
</head>

<body>
<!-- Resto della pagina... -->
```

Il tag `<style>` è HTML, non CSS e il suo compito è dire al browser web che le informazioni contenute nei tag sono codice CSS e non HTML. Creare un foglio di stile interno è semplice come digitare uno o più stili tra i tag `<style>`. I fogli di stile interni sono facili da aggiungere a una pagina web e forniscono una spinta visiva immediata al tuo HTML ma non sono il metodo più efficiente per progettare un intero sito web composto da molte pagine web.

Per prima cosa, devi copiare e incollare il foglio di stile interno in ogni pagina del tuo sito, un compito che richiede del tempo e che aggiunge codice che consuma larghezza di banda a ciascuna pagina.

Ma i fogli di stile interni sono ancora più una seccatura quando vuoi aggiornare l'aspetto di un sito. Ad esempio, supponi di voler modificare il tag `<h1>`, che originariamente era grande, verde e in grassetto. Ora vuoi un carattere piccolo e blu nel carattere Courier. Utilizzando fogli di stile interni, dovresti modificare ogni pagina. Chi ha tutto quel tempo? Fortunatamente, esiste una soluzione semplice a questo dilemma: fogli di stile esterni.

Fogli di stile esterni

Un foglio di stile esterno non è altro che un file di testo contenente tutte le tue regole CSS. Non contiene mai codice HTML quindi non includere il tag `<style>` in un file di foglio di stile esterno.

Inoltre, devi far terminare sempre il nome del file con l'estensione `.css`. Puoi nominare il file come preferisci, ma vale la pena essere descrittivo, usa `global.css`, `sito.css` o semplicemente `stili.css`, ad esempio, per indicare un foglio di stile usato da ogni pagina del sito, oppure usa `form.css` per nominare un file contenente gli stili usati per far sembrare bello un modulo web.

Una volta creato un foglio di stile esterno, è necessario collegarlo alla pagina web che si desidera formattare. Per farlo, utilizza il tag HTML `<link>` in questo modo:

```
<link  rel  =  "stylesheet"  href  =
"css/stili.css">
```

Il tag `<link>` ha due attributi obbligatori:

- `rel = "stylesheet"` indica il tipo di collegamento: in questo caso, un collegamento a un foglio di stile.

- `href` punta alla posizione del file CSS esterno sul sito. Il valore di questa proprietà è un URL e varia a seconda di dove conservi il file CSS. Funziona allo stesso modo dell'attributo `src` che usi quando aggiungi un'immagine a una pagina o dell'attributo `href` di un link che punta a un'altra pagina.

Capitolo 5: Il mio stile

Questo capitolo ti guiderà attraverso i passaggi di base per l'aggiunta di stili inline, la scrittura di regole CSS e la creazione di fogli di stile interni ed esterni. Lavorerai su vari design CSS, da semplici elementi di design a layout di pagine web abilitati per CSS completi. Avvia il tuo software preferito per l'elaborazione di pagine web, che si tratti di un semplice editor di testo come Blocco note o TextEdit o di un editor più completo come Sublime Text, Atom o Dreamweaver.

Creazione di uno stile inline

Quando digiti una regola CSS direttamente nell'HTML di una pagina, stai creando uno stile inline (in linea). Gli stili in linea non offrono nessuno dei vantaggi di risparmio di tempo e larghezza di banda dei fogli di stile esterni quindi i professionisti non li usano quasi mai. Tuttavia, se devi assolutamente cambiare lo stile su un singolo elemento su una singola pagina, allora potresti voler ricorrere a uno stile in linea. (Ad esempio, quando si creano messaggi di posta elettronica in formato HTML, è meglio utilizzare gli stili in linea. Questo è l'unico modo per far funzionare i CSS in Gmail, per prima cosa.)

L'importante è posizionare con attenzione lo stile all'interno del tag che desideri formattare.

Ecco un esempio che ti mostra esattamente come farlo:

1. Crea il tuo file `index.html` con HTML5 in modo che contenga un paio di intestazioni diverse, alcuni paragrafi e un avviso di copyright all'interno di un tag `<address>`. Inizia a creare uno stile in linea per il tag `<h1>`.

2. Fai clic all'interno del tag di apertura `<h1>` e digita `style="color:#6A94CC;"`. Il tag dovrebbe avere questo aspetto: `<h1 style = "color: #6A94CC;">` L'attributo di stile è HTML, non CSS, quindi utilizza il segno di uguale e racchiudi tutto il codice CSS tra virgolette, infatti, solo ciò che è all'interno delle virgolette è codice CSS. In questo caso, hai aggiunto una proprietà denominata `color`, che influisce sul colore del testo e hai

impostato tale proprietà su `#6A94CC`, un codice esadecimale per definire un colore che è blu. I due punti separano il nome della proprietà dal valore della proprietà desiderato, come già visto.

3. Apri la pagina `index.html` in un browser web. Molti editor HTML includono anche una funzione "Anteprima nel browser" che, con una semplice scorciatoia da tastiera o un'opzione di menu, apre la pagina in un browser web. Vale la pena controllare la documentazione del programma per vedere se include questa funzione per risparmiare tempo. Quando visualizzi la pagina in un browser, il titolo è ora blu. Gli stili in linea possono includere più di una proprietà CSS quindi aggiungiamo un'altra proprietà.

4. Torna all'editor HTML, fai clic dopo il punto e virgola che segue `#6A94CC`, quindi digita `font-size: 3em;`. Il punto e virgola separa due diverse impostazioni di proprietà quindi il tag `<h1>` dovrebbe essere simile al seguente:

```
<h1 style = "color: # 6A94CC; font-size: 3em;">
```

5. Visualizza l'anteprima della pagina in un browser web. Ad esempio, fai clic sul pulsante Ricarica della finestra del browser (ma assicurati di aver prima salvato il file HTML). Il titolo ora sarà molto più grande e così hai avuto un assaggio di quanto siano laboriosi gli stili in linea. Per rendere tutti i titoli `<h1>` di una pagina simili a questo potrebbero volerci giorni per

aggiungere tutto questo codice ai file HTML.

6. Torna all'editor di pagina ed eliminare l'intera proprietà dello stile, che riporta il tag di intestazione al suo normale `<h1>`.

Fogli di stile interni

Un approccio migliore rispetto agli stili in linea consiste nell'utilizzare un foglio di stile che contiene più regole CSS per controllare più elementi di una pagina. In questa sezione creerai uno stile che influisce su tutti i titoli di primo livello in un colpo solo. Questa singola regola formatta automaticamente ogni tag `<h1>` sulla pagina.

1. Con il file `index.html` aperto nel tuo editor di testo, fai clic direttamente dopo il tag di chiusura `</title>` quindi premi Invio e digita `<style>`. Il tag di apertura `<style>` indica l'inizio del foglio di stile ed è sempre una buona idea chiudere un tag subito dopo aver digitato il tag di apertura, poiché è così facile dimenticare questo passaggio

una volta che si è passati alla scrittura del CSS. In questo caso, chiudi il tag `<style>` con `</style>` prima di aggiungere qualsiasi CSS.

2. Ora aggiungerai un selettore CSS che segna l'inizio del tuo primo stile.

3. Fai clic tra i tag di apertura e di chiusura `<style>` e digita `h1 {`. L'h1 indica il tag a cui il browser web deve applicare lo stile e la parentesi graffa di apertura segna l'inizio delle proprietà CSS per questo stile. In altre parole, dice: "Le cose divertenti vengono subito dopo di me". Come per i tag di chiusura, è una buona idea digitare la parentesi graffa di chiusura di uno stile prima di aggiungere effettivamente qualsiasi proprietà di stile.

4. Premi due volte Invio e digita una singola parentesi graffa di chiusura `}`. In qualità di partner della parentesi

graffa di apertura che hai digitato nell'ultimo passaggio, il compito di questa parentesi graffa è di dire al browser web: "Questa particolare regola CSS finisce qui". Ora è tempo per le cose divertenti.

5. Fai clic sulla riga vuota tra le due parentesi graffe. Premi il tasto Tab e digita `color: #6A94CC;`. Hai digitato la stessa proprietà di stile della versione inline. Il punto e virgola finale segna la fine della dichiarazione di proprietà.

6. Premi nuovamente Invio e aggiungi due proprietà aggiuntive, in questo modo: `font-size: 3em; margin: 0;` Assicurati di non lasciare il punto e virgola alla fine di ogni riga; in caso contrario, il CSS non verrà visualizzato correttamente in nessun browser. Ciascuna di queste proprietà aggiunge un diverso effetto visivo al titolo. Il

primo assegna una dimensione e un carattere al testo mentre il secondo rimuove lo spazio intorno al titolo. Congratulazioni, hai appena creato un foglio di stile interno. Il codice che hai aggiunto dovrebbe assomigliare al seguente:

```
<title>La mia pagina</title>
<style>
h1 {
  color: #6A94CC;
  font-size: 3em;
  margin: 0;
}
</style>
</head>
```

7. Salva la pagina e visualizzane l'anteprima in un browser web.

8. Nel tuo editor, fai clic dopo la parentesi graffa di chiusura dello stile h1 appena creato, premi Invio, quindi aggiungi la seguente regola:

```
p {
  font-size: 1.25em;
  color: #616161;
  line-height: 150%;
  margin-top: 10px;
  margin-left: 60px;
}
```

Questa regola formatta ogni paragrafo della pagina. Non preoccuparti troppo in questo momento di ciò che sta facendo ciascuna di queste proprietà CSS; li vedremo in seguito o puoi capirlo modificandone i valori. Per ora, esercitati a digitare correttamente il codice e fatti un'idea di come aggiungere CSS a una pagina.

9. Visualizza l'anteprima della pagina in un browser. La pagina sta iniziando a prendere forma e puoi vedere in quale direzione stilistica è diretta la pagina.

Il processo su cui hai appena lavorato è CSS in poche parole: inizia con una pagina HTML, aggiungi un foglio di stile e crea regole CSS per rendere la pagina eccezionale. Nella parte successiva, vedrai come lavorare in modo più efficiente, utilizzando fogli di stile esterni.

Fogli di stile esterni

Poiché raggruppa tutti i tuoi stili nella parte superiore della pagina, un foglio di stile interno è molto più facile da creare e manutenere rispetto allo stile in linea che hai creato poche pagine fa. Inoltre, un foglio di stile interno ti consente di formattare un numero qualsiasi di istanze di un tag su una pagina, come ogni tag `<p>`, digitando una semplice regola.

Ma un foglio di stile esterno migliora ulteriormente la situazione: può memorizzare tutti gli stili di un intero sito web. La modifica di uno stile nel foglio di stile esterno aggiorna l'intero sito. In questa sezione, prenderai gli stili che hai creato nella sezione precedente e li inserirai in un foglio di stile esterno.

1. Nel tuo editor di testo, crea un nuovo file e salvalo come `styles.css` nella

stessa cartella della pagina web su cui hai lavorato. I file dei fogli di stile esterni terminano con l'estensione `.css`. Il nome file `styles.css` indica che gli stili contenuti nel file si applicano a tutto il sito. (Ma puoi usare qualsiasi nome di file, purché termini con l'estensione `.css`.)

2. Digita la seguente regola nel file `styles.css`:

```
html {
  padding-top: 25px;
  background-image:
url(immagini/sfondo.png);
}
```

Questa regola si applica al tag `<html>`, il tag che circonda tutti gli altri tag HTML sulla pagina. La proprietà `padding-top` aggiunge spazio tra la parte superiore del tag e il contenuto che va al suo interno. In altre parole, ciò che hai appena digitato aggiungerà 25 pixel di spazio tra la parte superiore della finestra del browser e il contenuto della pagina. L'immagine di sfondo aggiunge un file grafico allo sfondo della pagina. La proprietà CSS `background-image` può visualizzare l'elemento grafico in molti modi diversi: in questo caso, l'elemento grafico si affiancherà senza interruzioni da sinistra a destra e dall'alto verso il basso, coprendo l'intera finestra del browser.

3. Aggiungi una seconda regola nel file `styles.css`:

```
body {
 width: 80%;
 padding: 20px;
 margin: 0 auto;
 border-radius: 10px;
 box-shadow: 10px 10px 10px
rgba(0,0,0,.5);
 background-color: #E1EDEB;
}
```

Questa regola si applica al tag `<body>`, il tag che mantiene tutto il contenuto visibile in una finestra del browser web. Ci sono molte cose diverse in questo stile ma, in poche parole, questo stile crea una casella per il contenuto della pagina che è l'80 percento della larghezza della finestra del browser, ha un po' di spazio all'interno che sposta il testo dal bordo della casella (questa è la proprietà `padding`) e centra il box sulla pagina (questa è la proprietà `margin`). Infine, il contenitore assume un colore di sfondo azzurro e un'ombra esterna trasparente. Invece di ricreare il lavoro che hai fatto in precedenza, copia semplicemente gli stili che hai creato nella sezione precedente e incollali in questo foglio di stile.

4. Apri la pagina `index.html` su cui stai lavorando e copia tutto il testo all'interno dei tag `<style>`.

5. Copia le informazioni sullo stile nello stesso modo in cui copi il testo. Un foglio di stile esterno non contiene mai HTML: ecco perché non hai copiato i tag `<style>`.

6. Salva `styles.css`. Ora devi solo ripulire il tuo vecchio file e collegare il nuovo foglio di stile.

7. Torna al file `index.html` nel tuo editor di testo ed elimina i tag `<style>` e tutte le regole CSS che hai digitato in precedenza. Non hai più bisogno di questi stili, poiché si trovano nel foglio di stile esterno che stai per allegare. Un'idea importante è che puoi utilizzare quasi tutti i font che desideri in una pagina web, anche quelli che i tuoi utenti non hanno installato sui

propri computer, semplicemente fornendo un collegamento a quel file di font. Esistono molti modi diversi per utilizzare i caratteri web, ma in questo esempio utilizzerai il servizio di font web di Google.

8. Nello spazio in cui si trovavano gli stili (tra il tag `</title>` di chiusura e il tag `</head>` di chiusura), digita quanto segue:

```
<link
href='http://fonts.googleapis.com/
css?family=Varela+Round'
rel='stylesheet'>
```

Ancora una volta, non preoccuparti dei dettagli. Tutto quello che devi sapere per ora è che quando un browser web incontra questo collegamento, scarica un font chiamato Varela Round da un server di Google e i tuoi stili CSS possono usarlo liberamente.

Successivamente, ti collegherai al foglio di stile esterno che hai creato in precedenza.

9. Dopo il tag `<link>` aggiunto nel passaggio precedente, digita:

```
<link href="styles.css"
rel="stylesheet">
```

Il tag `<link>` specifica la posizione del foglio di stile esterno. L'attributo `rel` indica semplicemente al browser che si sta collegando a un foglio di stile.

10. Salva il file e visualizzalo in anteprima in un browser web. Vedrai gli stessi stili di testo per i tag `<h1>` e `<p>` che hai creato nel foglio di stile interno. Inoltre, ora è presente uno sfondo (l'immagine di sfondo che hai applicato al tag `<html>`), nonché un riquadro blu-verdastro di colore chiaro. Quella casella è il tag `<body>` e la sua

larghezza è l'80 percento di quella della finestra del browser. Prova a ridimensionare la finestra del browser e nota che anche la casella cambia larghezza. C'è anche un'ombra su questo contenitore; puoi vedere attraverso l'ombra verso lo sfondo. Questo grazie a un tipo di colore speciale, il colore `rgba`, che include un'impostazione di trasparenza. Nota anche che gli angoli del box sono arrotondati, grazie alla proprietà `border-radius`. Ora utilizzerai il carattere web a cui ti sei collegato al passaggio 8.

11. Nell'editor di testo, torna al file `styles.css`. Per lo stile h1, aggiungi le seguenti due righe:

```
font-family: 'Varela Round',
'Arial Black', serif;
font-weight: normal;
```

Lo stile finale dovrebbe apparire così:

```
h1 {
  font-family: 'Varela Round',
'Arial Black', serif;
  font-weight: normal;
  color: #6A94CC;
  font-size: 3em;
  margin: 0;
}
```

Se visualizzi ora l'anteprima della pagina, vedrai il nuovo carattere, Varela Round, per il titolo. Per dimostrare quanto può essere utile mantenere i tuoi stili nel loro file esterno, allegherai il foglio di stile ad un'altra pagina web.

12. Crea un nuovo file denominato `pagina2.html`. Questa pagina deve contenere alcuni degli stessi tag HTML (h1, h2, p e così via) dell'altra pagina web su cui hai lavorato.

13. Fai clic dopo il tag di chiusura `</title>` e premi Invio. Ora ti collegherai sia al font web che al foglio di stile esterno.

14. Digita gli stessi tag `<link>` che hai inserito nei passaggi 8 e 9. Il codice della pagina web dovrebbe essere simile a questo:

```
<title>Pagina 2</title>
 <link
href='http://fonts.googleapis.com/
css?family=Varela+Round'
rel='stylesheet'>
 <link href="styles.css"
rel="stylesheet">
</head>
```

15. Salva la pagina e visualizza l'anteprima in un browser web. Ta-da! Solo due righe di codice aggiunte alla pagina web sono sufficienti per trasformarne istantaneamente l'aspetto. Per dimostrare quanto sia facile aggiornare un foglio di stile esterno, lo farai

modificando uno stile e aggiungendone un altro.

16. Apri il file `styles.css` e aggiungi la famiglia di caratteri della dichiarazione CSS: `"Palatino Linotype", Baskerville, serif;` all'inizio dello stile `p`. Il codice dovrebbe assomigliare a questo:

```
p {
  font-family: "Palatino Linotype",
Baskerville, serif;
  font-size: 1.25em;
  color: #616161;
  line-height: 150%;
  margin-top: 10px;
  margin-left: 60px;
}
```

In questo caso, non stai utilizzando un carattere web, ma ti affidi al fatto che il visitatore del sito abbia già uno dei caratteri elencati sulla sua macchina. Successivamente, crea una nuova regola per il tag `<h2>`.

17. Fai clic alla fine della chiusura dello stile p }, premi Invio e aggiungi la seguente regola:

```
h2 {
  color: #B1967C;
  font-family: 'Varela Round',
'Arial Black', serif;
  font-weight: normal;
  font-size: 2.2em;
  border-bottom: 2px white solid;
  background:
url(immagini/icona.png) no-repeat
10px 10px;
  padding: 0 0 2px 60px;
  margin: 0;
}
```

Alcune di queste proprietà CSS le hai già incontrate, alcuni sono nuove, come la proprietà border-bottom per l'aggiunta di una riga sotto il titolo. E alcune, come la proprietà background, forniscono una scorciatoia per combinare diverse proprietà diverse, in questo caso l'immagine di sfondo e la ripetizione dello sfondo, in una singola proprietà. Gli stili che hai creato finora influiscono principalmente sui tag (h1, h2 e p) e influiscono su ogni istanza di tali tag. In altre parole, lo stile p che hai creato formatta ogni singolo paragrafo della pagina. Se vuoi scegliere come target un solo paragrafo, devi usare un diverso tipo di stile.

18. Aggiungi la seguente regola:

```
.intro {
  color: #666666;
  font-family: 'Varela Round',
Helvetica, sans-serif;
  font-size: 1.2em;
  margin-left: 0;
  margin-bottom: 25px;
}
```

Se visualizzi l'anteprima della pagina index.html in un browser web, vedrai che questo nuovo stile non ha alcun effetto... per ora. Questo tipo di stile utilizza un selettore di classe, che formatta solo i tag specifici a cui si applica la classe. Affinché questo nuovo stile funzioni, è necessario modificare un po' di HTML.

19. Salva il file `styles.css` e passa al file `index.html` nell'editor di testo. Individua il tag di apertura `<p>` dopo il tag `<h1>` e aggiungi `class = "intro"` in modo che il tag di apertura abbia questo aspetto: `<p class = "intro">` Non è necessario aggiungere un punto prima della parola intro come hai fatto quando hai creato lo stile nel passaggio 18 (perché si tratta di una classe). Ripeti questo passaggio per il file `pagina2.html`, in altre parole aggiungi `class = "intro"` al primo tag `<p>` su quella pagina.

20. Salva tutti i file e visualizza in anteprima i file `index.html` e `pagina2.html` in un browser web. Nota

che l'aspetto di entrambe le pagine cambia, in base alle semplici modifiche apportate al file CSS. Chiudi gli occhi e immagina che il tuo sito web abbia mille pagine. Hai un'ultima modifica da apportare: se guardi la parte inferiore della pagina nel tuo browser, vedrai l'avviso di copyright. È un po' piccolo e non è allineato con i paragrafi precedenti. Inoltre, sarebbe migliore se condividesse la stessa formattazione degli altri paragrafi. Divertiti a modificarlo come hai imparato.

21. Chiudi il file `styles.css` e ricarica il file `index.html` nel tuo browser web. Per ulteriore pratica, dedica qualche minuto a giocare con il file `styles.css`. Prova valori diversi per le proprietà del foglio di stile. Ad esempio, prova un numero diverso per la proprietà `width`

del `body` o prova diversi numeri per le dimensioni del carattere.

Capitolo 6: Identificare lo stile

Ogni stile CSS ha due parti fondamentali: un selettore e un blocco di dichiarazione. Il blocco di dichiarazione contiene le proprietà di formattazione - colore del testo, dimensione del carattere e così via – fin qui tutto bene. La capacità di concentrare lo stile su elementi specifici risiede in quei primi pochi caratteri all'inizio di ogni regola: il selettore.

Dicendo ai CSS cosa vuoi che formattare, il selettore ti dà il pieno controllo dell'aspetto della tua pagina. Se ti piacciono le regole generali, puoi utilizzare un selettore che si applica a più elementi in una pagina contemporaneamente. Ma se sei un po' più orientato ai dettagli, altri selettori ti consentono di individuare un elemento specifico o una raccolta di elementi simili. I selettori CSS ti danno molta potenza; questo capitolo mostra come usarli.

I selettori utilizzati per definire particolari tag HTML sono chiamati selettori di tipo o elemento. Sono strumenti di styling estremamente efficienti, poiché si applicano a ogni occorrenza di quel tag su una pagina web. Con loro, puoi apportare modifiche di design a una pagina con uno sforzo minimo. Ad esempio, quando vuoi formattare ogni paragrafo di testo su una pagina, usando lo stesso carattere, colore e dimensione, crei semplicemente uno stile usando `p` (per riferirsi al tag `<p>`) come selettore.

In sostanza, un selettore di tipo ridefinisce il modo in cui un browser visualizza un particolare tag. Prima del CSS, per formattare il testo, dovevi racchiudere quel testo in un tag `<font>`.

Per aggiungere lo stesso aspetto a ogni paragrafo di una pagina, spesso dovevi usare più volte il tag `<font>`. Questo processo richiedeva molto lavoro e richiedeva molto HTML, rendendo le pagine più lente da scaricare e più dispendiose in termini di tempo per l'aggiornamento. Con i selettori di tipo, in realtà non devi fare nulla per l'HTML: crea semplicemente la regola CSS e lascia che il browser faccia il resto.

I selettori di tipo sono facili da individuare in una regola CSS, poiché hanno lo stesso identico nome del tag che definiscono: `p`, `h1`, `table`, `img` e così via. I selettori di tipo hanno i loro svantaggi, tuttavia, se desideri che alcuni paragrafi abbiano un aspetto diverso dagli altri?

Un semplice selettore di tipo non funziona in questo caso, poiché non fornisce informazioni sufficienti per un browser web per identificare la differenza tra i tag `<p>` che desideri evidenziare in viola, grassetto e con caratteri grandi dai tag `<p>` che desideri con un testo normale e nero. Fortunatamente, i CSS forniscono diversi modi per risolvere questo problema: il metodo più semplice è chiamato selettore di classe.

Quando vuoi dare a uno o più elementi un aspetto diverso dai tag correlati sulla pagina, ad esempio dare a una o due immagini su una pagina un bordo rosso lasciando la maggior parte delle altre immagini prive di stile, puoi utilizzare un selettore di classe. Se hai familiarità con gli stili nei programmi di elaborazione testi come Microsoft Word, i selettori di classe ti sembreranno familiari.

Si crea un selettore di classe assegnandogli un nome e quindi applicandolo solo ai tag HTML che si desidera formattare. Ad esempio, puoi creare uno stile di classe denominato `.copyright` e quindi applicarlo solo a un paragrafo contenente informazioni sul copyright, senza influire su altri paragrafi.

I selettori di classe ti consentono anche di individuare un elemento esatto, indipendentemente dal suo tag. Supponi di voler formattare una o due parole all'interno di un paragrafo, ad esempio. In questo caso, non vuoi che l'intero tag `<p>` sia interessato, ma solo una singola frase al suo interno. Puoi usare un selettore di classe per indicare solo quelle parole. Puoi persino utilizzare un selettore di classe per applicare la stessa formattazione a più elementi con tag HTML diversi. Ad esempio, puoi dare a un paragrafo e a un'intestazione di secondo livello lo stesso stile, magari un colore e un carattere che hai selezionato per evidenziare informazioni speciali.

A differenza dei selettori di tipo, che ti limitano ai tag HTML esistenti nella pagina, puoi creare tutti i selettori di classe che desideri e metterli dove vuoi. Probabilmente hai notato il punto con cui inizia il nome di ogni selezionatore di classe, ad esempio `.copyright` e `.speciale`. È una delle poche regole da tenere a mente quando si nomina una classe:

- Tutti i nomi dei selettori di classe devono iniziare con un punto. È così che i browser web individuano un selettore di classe nel foglio di stile.

- CSS consente solo lettere, numeri, trattini e trattini bassi nei nomi delle classi.

- Dopo il punto, il nome deve sempre iniziare con una lettera. Ad esempio, `.1icona` non è un nome di classe valido, ma `.icona1` lo è. Puoi avere classi denominate `.copy-right` e

`.banner_immagine`, ma non `.-Banner` o `._un_banner`.

- I nomi delle classi fanno distinzione tra maiuscole e minuscole. Ad esempio, CSS tratta `.SIDEBAR` e `.sidebar` come due classi differenti. A parte il nome, crei stili di classe esattamente come gli stili di tag. Dopo il nome della classe, basta semplicemente inserire un blocco di dichiarazione contenente tutto lo stile che desideri:

```
.speciale {
 color:#FF0000;
 font-family:"Monotype Corsiva";
}
```

Poiché i selettori di tipo si applicano a tutti i tag su una pagina web, devi semplicemente definirli nel tuo foglio di stile: i tag HTML che li fanno funzionare sono già presenti.

La libertà extra che ottieni con gli stili di classe, però, ha bisogno di un po' più di lavoro. L'utilizzo dei selettori di classe è un processo in due fasi.

Dopo aver creato una regola di classe, devi quindi indicare dove desideri applicare quella formattazione. Per fare ciò, aggiungi un attributo `class` al tag HTML che desideri applicare allo stile. Supponiamo che tu crei una classe `.speciale` che utilizzerai per evidenziare particolari elementi della pagina.

Per aggiungere questo stile a un paragrafo, aggiungi un attributo `class` al tag `<p>`, in questo modo: `<p class = "special">`

Quando un browser web incontra questo tag, sa di applicare le regole di formattazione contenute nello stile `.speciale` al paragrafo. Puoi anche applicare la formattazione della classe solo a una parte di un paragrafo o di un'intestazione aggiungendo un tag `<span>`. Ad esempio, per evidenziare solo una parola in un paragrafo utilizzando lo stile `.speciale`, potresti scrivere:

```
<p>Benvenuto al <span
class="special">Caffé Pippo</span>, un
bar alquanto speciale.</p>
```

Dopo aver creato uno stile di classe, puoi applicarlo a quasi tutti i tag della pagina. In effetti, puoi applicare la stessa classe a tag diversi, quindi puoi creare uno stile `.speciale` con un carattere e un colore specifici e applicarlo ai tag `<h2>`, `<p>` e `<ul>`.

Un tag, più classi

Non solo puoi applicare la stessa classe a tag diversi, ma puoi anche applicare più classi allo stesso tag. Sebbene possa sembrare del lavoro extra creare più classi e aggiungere più nomi di classi allo stesso tag, è un approccio comune. Ecco un esempio di quando potresti applicare più classi allo stesso tag.

Immagina di progettare un'interfaccia per gestire il carrello degli acquisti di un utente. L'interfaccia richiede una varietà di pulsanti, ognuno dei quali fa qualcosa di diverso. Un pulsante può essere utilizzato per eliminare un prodotto dal carrello, un altro pulsante per aggiungere un articolo e un terzo pulsante per modificare la quantità. Essendo un buon designer, vuoi che i pulsanti condividano alcune somiglianze, come angoli arrotondati e lo stesso font, ma hanno anche il loro aspetto: rosso per il pulsante Elimina, verde per il pulsante Aggiungi e così via.

Per ottenere coerenza e unicità, puoi creare due classi. Una classe verrà applicata a tutti i pulsanti e le altre classi verranno applicate a determinati tipi di pulsanti.

Per iniziare, dovresti creare una classe `.btn`:

```css
.btn {

  border-radius: 5px;
  font-family: Arial, Helvetica, serif;
  font-size: .8 em;
}
```

Quindi potresti creare classi aggiuntive per ogni tipo di pulsante:

```css
.elimina {
  background-color: red;
}
.aggiungi {
  background-color: green;
}
.modifica {
  background-color: grey;
```

}

Applicando più di una classe a un tag, puoi combinare gli stili e creare sia una coerenza tra i pulsanti che un aspetto unico per ogni tipo di pulsante:

```
<button class="btn
aggiungi">Aggiungi</button>
<button class="btn
elimina">Elimina</button>
<button class="btn
modifica">Modifica</button>
```

I browser web e HTML non hanno problemi a gestire più classi applicate a un singolo elemento. Nel tag HTML, aggiungi semplicemente l'attributo class e, per il valore, aggiungi ogni nome di classe, separato da uno spazio. Il browser combinerà le proprietà delle varie classi e applicherà il set finale combinato di stili all'elemento. Quindi, nell'esempio corrente, tutti i pulsanti avranno angoli arrotondati e utilizzeranno il carattere Arial a `.8em`.

Tuttavia, il pulsante Aggiungi sarà verde, il pulsante Elimina rosso e il pulsante Modifica grigio. Il vantaggio di questo approccio è che se decidi che i pulsanti non debbano più avere angoli arrotondati o che debbano usare un carattere diverso, devi solo cambiare lo stile `.btn` per aggiornare l'aspetto di ciascuno dei pulsanti. Allo stesso modo, se decidi che il pulsante Modifica deve essere giallo anziché grigio, la modifica dello stile `.modifica` avrà effetto solo su quel pulsante e su nessuno degli altri.

Capitolo 7: Specifici o generici?

Specifici

CSS riserva il selettore ID per identificare una parte univoca di una pagina, come un banner, una barra di navigazione o l'area del contenuto principale. Proprio come con un selettore di classe, crei un ID assegnandogli un nome in CSS, quindi lo applichi aggiungendo l'ID al codice HTML della tua pagina. Allora qual è la differenza?

I selettori di ID hanno alcuni usi specifici nelle pagine web molto lunghe o basate su JavaScript. In caso contrario, sono pochi i motivi validi per utilizzare gli ID rispetto alle classi. Sebbene i web designer non utilizzino i selettori di ID come una volta, è bene sapere cosa sono e come funzionano.

Se decidi di utilizzare un selettore di ID, crearne uno è facile. Proprio come un punto indica il nome di un selettore di classe, un simbolo cancelletto (#) identifica uno stile tramite ID.

Questo esempio fornisce un colore di sfondo e una larghezza e altezza per l'elemento:

```
#banner {
  background: #CC0000;
  height: 300px;
  width: 720px;
}
```

L'applicazione di un ID in HTML è simile all'applicazione di classi ma utilizza un attributo diverso denominato, abbastanza logicamente, id. Ad esempio, per applicare lo stile sopra a un tag <div>, dovresti scrivere questo HTML: <div id = "banner">

Allo stesso modo, per indicare che l'ultimo paragrafo di una pagina è l'unico avviso di copyright di quella pagina, puoi creare uno stile ID chiamato `#copyright` e aggiungerlo al tag di quel paragrafo: `<p id = "copyright">`

Generici

A volte hai bisogno di un modo rapido per applicare la stessa formattazione a diversi elementi diversi. Ad esempio, forse desideri che tutte le intestazioni di una pagina condividano lo stesso colore e carattere. Creare uno stile separato per ogni intestazione - h1, h2, h3, h4 e così via - è troppo faticoso e se in seguito desideri cambiare il colore di tutte le intestazioni, hai sei stili diversi da aggiornare.

Un approccio migliore consiste nell'usare un selettore di gruppo. I selettori di gruppo consentono di applicare uno stile a più selettori contemporaneamente. Per lavorare con i selettori come gruppo, crea semplicemente un elenco di selettori separati da virgole. Quindi, per modellare tutti i tag di intestazione con lo stesso colore, puoi creare la seguente regola:

```
h1, h2, h3, h4, h5, h6 {
  color: #F1CD33;
}
```

Questo esempio consiste solo di selettori di tipo ma è possibile utilizzare qualsiasi selettore valido (o combinazione di tipi di selettore) in un selettore di gruppo. Ad esempio, ecco un selettore di gruppo che applica lo stesso colore del carattere al tag `<h1>`, al tag `<p>`, a qualsiasi tag con lo stile della classe `.copyright` e al tag con l'ID `#banner`:

```
h1, p, .copyright, #banner { color:
#F1CD33; }
```

Pensa a un selettore di gruppo come scorciatoia per applicare le stesse proprietà di stile a diversi elementi di pagina. CSS offre anche una sorta di selettore di gruppo totale: il selettore universale. Un asterisco (*) è un'abbreviazione universale del selettore per selezionare ogni singolo tag.

Ad esempio, supponi di voler visualizzare tutti i tag sulla tua pagina in grassetto. Il tuo selettore di gruppo potrebbe essere simile al seguente:

```
a, p, img, h1, h2, h3, h4, h5 ... {
   font-weight: bold;
}
```

L'asterisco, tuttavia, è un modo molto più breve per dire ai CSS di selezionare tutti i tag HTML sulla pagina:

```
* {font-weight: bold; }
```

Puoi persino utilizzare il selettore universale come parte di un selettore discendente, in modo da poter applicare uno stile a tutti i tag che discendono da un particolare elemento della pagina. Ad esempio, `.banner *` seleziona ogni tag all'interno dell'elemento della pagina a cui hai applicato la classe `banner`.

Poiché il selettore universale non specifica alcun tipo particolare di tag, è difficile prevedere il suo effetto sul valore di pagine di un intero sito web composte da una varietà di tag HTML diversi. Per formattare molti diversi elementi della pagina, i guru delle pagine web si affidano all'ereditarietà, una caratteristica CSS, tuttavia, alcuni web designer utilizzano il selettore universale come un modo per rimuovere tutto lo spazio attorno agli elementi a livello di blocco.

Per esempio, puoi aggiungere spazio attorno a un elemento utilizzando la proprietà CSS `margin` e aggiungere spazio tra il bordo di un elemento e il contenuto all'interno utilizzando la proprietà `padding`. I browser aggiungono automaticamente quantità variabili di spazio per tag diversi, quindi un modo per iniziare con una pagina pulita e rimuovere tutto lo spazio intorno ai tag è il seguente:

```
* {
  padding: 0;
  margin: 0;
}
```

Capitolo 8: Pseudo-classi ed elementi

A volte è necessario selezionare parti di una pagina web che non hanno tag di per sé ma sono comunque facili da identificare, come la prima riga di un paragrafo o un collegamento quando ci si sposta il mouse sopra. I CSS ti danno una manciata di selettori per questi effetti: pseudo-classi e pseudo-elementi.

Affrontiamo questo argomento per i collegamenti (link) infatti quattro pseudo-classi consentono di formattare i collegamenti in quattro stati diversi in base a come un visitatore ha interagito con quel collegamento. Identificano quando un collegamento si trova in uno dei seguenti quattro stati:

- `a:link` seleziona qualsiasi collegamento che il tuo utente non ha ancora visitato, quando il mouse non passa sopra o non fa clic su di esso. Questo stile è il tuo normale collegamento web inutilizzato.

- `a:visited` è un collegamento su cui il tuo utente ha fatto clic in precedenza, in base alla cronologia del browser web. Puoi definire lo stile di questo tipo di collegamento in modo diverso rispetto a un normale collegamento per dire al tuo visitatore: "Ehi, ci sei già stato qui!"

- `a:hover` consente di modificare l'aspetto di un collegamento quando il visitatore passa il mouse su di esso. Gli effetti di rollover che puoi creare non sono solo per divertimento ma possono fornire un utile feedback visivo per i pulsanti su una barra di navigazione.

Puoi anche usare la pseudo-classe `:hover` su elementi diversi dai link. Ad esempio, puoi usarlo per evidenziare il testo in un `<p>` o `<div>` quando i tuoi utenti passano il mouse su di esso. In tal caso, invece di utilizzare `a:hover` (che è per i collegamenti) per aggiungere un effetto hover, puoi creare uno stile denominato `p:hover` per creare un effetto specifico quando qualcuno passa il mouse su un paragrafo. Se desideri solo applicare uno stile ai tag con una classe specifica di evidenziazione, crea uno stile denominato `.evidenzia:hover`.

- `a:active` consente di determinare l'aspetto di un collegamento quando l'utente fa clic. In altre parole, copre quel breve intervallo in cui qualcuno preme il pulsante del mouse, prima di rilasciarlo.

Le linee guida CSS definiscono diversi potenti selettori di pseudo-classi e pseudo-elementi oltre a quelli trattati finora. Il supporto per questi selettori in tutti i browser tranne i più vecchi è molto buono.

La pseudo-classe `:focus` funziona in modo molto simile alla pseudo-classe `:hover`. Mentre `:hover` si applica quando un utente posiziona il mouse su un collegamento, `:focus` si applica quando il visitatore fa qualcosa per indicare la sua attenzione a un elemento di una pagina web, di solito facendo clic o facendo clic su di esso.

Nel gergo della programmazione, quando un visitatore fa clic in una casella di testo su un modulo Web, si concentra (focus) su quella casella di testo. Quel clic è l'unico indizio di un web designer su dove il visitatore sta concentrando la sua attenzione.

Il selettore `:focus` è principalmente utile per fornire un feedback ai tuoi utenti, perciò di solito è usato per cambiare il colore di sfondo di una casella di testo per indicare dove sta digitando del testo l'utente.

Questo stile, ad esempio, aggiunge un colore giallo chiaro a qualsiasi casella di testo in cui un visitatore fa clic o quando clicca su Tab e focalizza l'attenzione qui:

```
input:focus {
  background-color: #FFFFCC;
}
```

Il selettore `:focus` si applica solo mentre l'elemento è selezionato. Quando un visitatore preme su Tab in un altro campo di testo o fa clic in un altro punto della pagina, allontana il focus e le proprietà CSS dalla casella di testo.

Lo pseudo-elemento `:before` fa qualcosa che nessun altro selettore può fare: ti permette di aggiungere contenuto prima di un dato elemento. Ad esempio, supponi di voler inserire "SUGGERITO!" prima di alcuni paragrafi per farli risaltare. Invece di digitare quel testo nell'HTML della tua pagina, puoi lasciare che il selettore :before lo faccia per te.

Questo approccio non solo salva il codice ma, anche se decidi di cambiare il messaggio, puoi cambiare ogni pagina del tuo sito con una rapida modifica al tuo foglio di stile. (Lo svantaggio è che questo messaggio speciale è invisibile ai browser che non capiscono CSS o non capiscono il selettore :before.).

Esattamente come il selettore :before, lo pseudo-elemento :after aggiunge il contenuto generato, ma dopo l'elemento e non prima. È possibile utilizzare questo selettore, ad esempio, per aggiungere virgolette di chiusura (") dopo un testo che fa parte di una citazione.